I0796645

Como un profesional

El fútbol

Karen Durrie

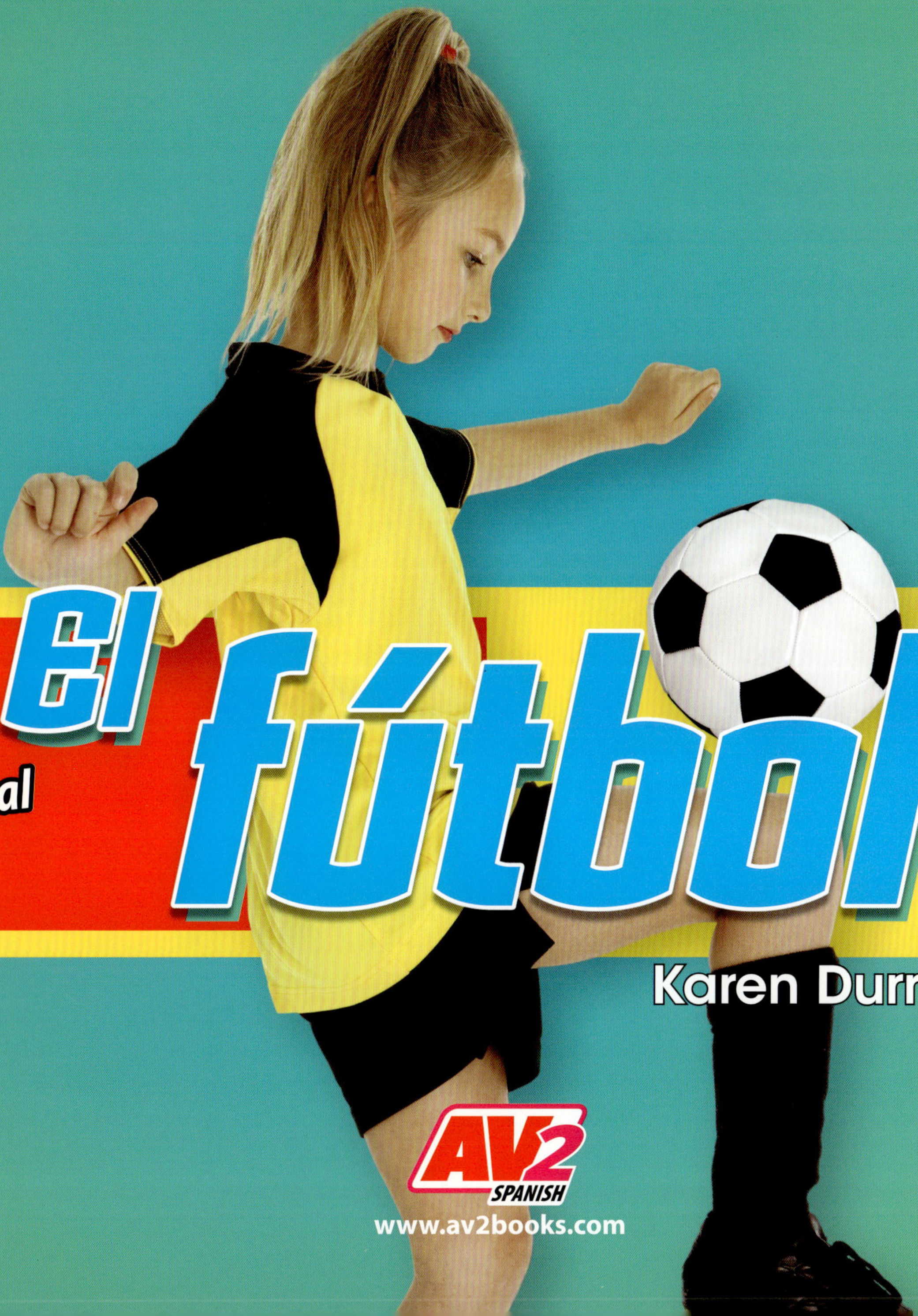

AV2 SPANISH

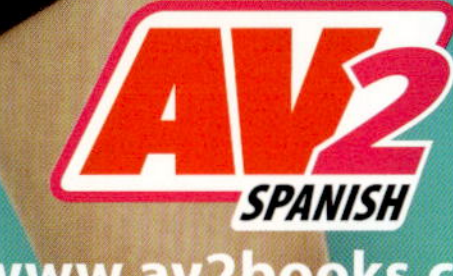

www.av2books.com

Step 1
Go to **www.av2books.com**

Step 2
Enter this unique code
AVX22639

Step 3
Explore your interactive eBook!

AV2 Spanish is optimized for use on any device

Media Enhanced Book
Every hardcover Spanish title comes with two free eBooks for a complete bilingual experience

AV2 Page Controls
An intuitive design allows users to go back and forth through the pages in their selected language

Language Toggle
Users can toggle between Spanish and English to learn the vocabulary of both languages

View new titles and product videos at www.av2books.com

El fútbol

Contenidos

Me encanta el fútbol.
Hoy voy a jugar fútbol.

El fútbol se juega en todo el mundo.

Me visto para jugar fútbol. Me pongo mi camiseta roja, que tiene un número en la espalda.

Los jugadores de un equipo tienen el mismo color de camiseta.

Me pongo mis botines. Los botines tienen tapones que me ayudan a agarrarme al suelo.

Los botines de fútbol ayudan a los jugadores a controlar el balón.

Me pongo canilleras en las piernas y medias largas encima.

Las canilleras evitan que me lastime.

Tengo un balón de fútbol. Es blanco y negro y rueda muy rápido.

Se fabrican 100 millones de balones de fútbol por año.

Me encuentro con mis amigos para jugar fútbol. Somos un equipo.

Antes del partido, corremos y estiramos los músculos.

En mi equipo, soy delantero. Corro mucho. Mis piernas se cansan.

Como un profesional

Los jugadores adultos pueden correr seis millas durante un partido.

El equipo se pasa, patea y persigue el balón. Anoté un gol. Ganamos el partido.

Como un profesional
Un solo jugador anota, pero el partido se gana gracias al trabajo en equipo.
Fly Emirates
Fly Emirates

Me encanta el fútbol.

DATOS SOBRE EL FÚTBOL

Esta página contiene más detalles sobre los interesantes datos de este libro. Simplemente, fíjate en el número de página al que corresponde el dato.

Páginas 4–5

Preparándome El fútbol es el deporte en equipo más popular del mundo. Se puede jugar prácticamente en cualquier parte. Todo lo que se necesita es un rectángulo de tierra nivelado, un balón y dos equipos. La Copa del Mundo es el torneo más importante de fútbol profesional. En ella participan equipos de 32 países.

Páginas 6–7

Qué me pongo Usar una camiseta del mismo color ayuda a los jugadores a identificar rápidamente quién es de su equipo durante la velocidad de la acción en el campo de juego. Si dos equipos se presentan a jugar un partido con camisetas del mismo color, uno de los dos debe usar una prenda llamada pechera sobre su camiseta para que los jugadores puedan diferenciarse entre los equipos.

Páginas 8–9

Qué necesito Los botines de fútbol tienen tapones duros en la suela para clavarse en el terreno, que puede tener partes de tierra o resbalosas. Con los botines, es más fácil correr rápido, frenar y cambiar de dirección. Los jugadores de fútbol de salón no usan botines sino zapatillas con suela de goma plana para agarrarse al césped sintético.

Páginas 10–11

Más elementos del fútbol Jugar al fútbol implica estar rodeado de pies voladores que corren y tratan de patear el balón. Muchos jugadores reciben patadas accidentales en las canillas durante un partido. Usando canilleras, evitan que el hueso de la canilla se lastime.

Páginas 12–13

Qué uso Los balones de fútbol suelen ser de cuero y vienen en tres tamaños oficiales diferentes, para jugadores de diferentes edades. El diseño de los balones de fútbol generalmente son hexágonos cosidos o estampados en la superficie. Los balones de fútbol vienen en diferentes colores y diseños. Cada cuatro años, se diseña un nuevo balón especial para la Copa del Mundo.

Páginas 14–15

Mi equipo Los músculos fríos están rígidos y, si se los tuerce y gira de repente, pueden lesionarse. Calentar y estirar los músculos antes de jugar fútbol puede reducir el riesgo de sufrir una lesión. Los músculos calientes también producen energía más rápido. Esto ayuda a los jugadores a correr a mayor velocidad y a jugar con más precisión y destreza.

Páginas 16–17

Cómo se juega En el fútbol juvenil, generalmente hay dos equipos de siete jugadores, incluido el arquero, en el campo de juego. Los demás jugadores están sentados en la línea lateral mirando y alentando. Esperan que el entrenador los llame para entrar al campo. Los jugadores tienen diferentes tareas que hacer en el campo de juego.

Páginas 18–19

Quién gana Anotar goles y ganar los partidos es emocionante, pero aprender nuevas habilidades y disfrutar del deporte también es importante. En el fútbol, trabajar en equipo pasándose el balón y armando buenas jugadas ayuda al equipo a ganar. Si se gana el partido, es todo el equipo el que gana y no solo los jugadores que anotaron goles.

Páginas 20–21

Me encanta el fútbol Para practicar un deporte se necesita una indumentaria y un lugar especial para jugar. También se necesita preparar el cuerpo para trabajar duro. Comer sano ayuda al cuerpo a funcionar mejor. La buena alimentación fortalece los huesos y proporciona energía a los músculos. Tomar una colación y una bebida después de hacer deporte ayuda a reponer la energía utilizada durante el juego.

Step 1

Go to **www.av2books.com**

Step 2

Enter this unique code

AVX22639

Step 3

Explore your interactive eBook!

AV2 Spanish is optimized for use on any device

Published by AV2
14 Penn Plaza, 9th floor, New York, NY 10122
Website: www.av2books.com

Library of Congress Control Number: 2020938988

ISBN 978-1-7911-2895-1 (hardcover)
ISBN 978-1-7911-2897-5 (multi-user eBook)

052020
101719

Printed in Guangzhou, China
1 2 3 4 5 6 7 8 9 0 24 23 22 21 20

Spanish Project Coordinator: Sara Cucini Spanish Editor: Translation Services USA LLC
English Project Coordinator: John Willis Designer: Ana María Vidal

Every reasonable effort has been made to trace ownership and to obtain permission to reprint copyright material. The publisher would be pleased to have any errors or omissions brought to its attention so that they may be corrected in subsequent printings.

The publisher acknowledges Alamy, Getty Images, iStock, and Shutterstock as its primary image suppliers for this title.

View new titles and product videos at www.av2books.com